Hans Mühlethaler

Sternzeichen Krebs
Späte Gedichte I

Das Buch
enthält einen Zyklus von Gedichten, die der Autor in seinem
77. Lebensjahr geschrieben hat. Er knüpft an seine frühe Ly-
rik an, die noch ganz in der Tradition des Surrealismus ge-
schrieben war, reflektiert aber auch das Thema „Todesangst
und Bewusstsein", mit dessen philosophischer Dimension er
sich seit Jahren beschäftigt.

Der Autor
Hans Mühlethaler, geboren 1930 in Zollbrück, Emmental.
Ausbildung zum Lehrer, 17 Jahre Schuldienst, dann als frei-
er Schriftsteller und Sekretär der Schriftstellervereinigung
„Gruppe Olten" tätig. Verheiratet, fünf erwachsene Söhne
und Töchter, Enkelkinder. Wohnt in Paris.

Veröffentlichungen:
An der Grenze Theaterstück, Uraufführung Schauspielhaus
Zürich (1963), *zutreffendes ankreuzen* Gedichte, Kandelaber
Bern (1967), *Außer Amseln...* Prosa, Anabas Gießen (1969),
Die Fowlersche Lösung Roman, Zytglogge Bern (1978),
Die Gruppe Olten Sachbuch, Sauerländer Aarau (1989), *Ab-
schied von Burgund* Roman, Zytglogge Bern (1991), *Der
leere Sockel* Roman, Books on Demand (2000), *Das Be-
wusstsein – Ursache und Überwindung der Todesangst*
Sachbuch, Books on Demand (2006), *An der Grenze* Thea-
terstück, Neufassung, Books on Demand (2007) Frühe Ge-
dichte und Prosatexte, Books on Demand (2008)

Hans Mühlethaler

Sternzeichen Krebs

Späte Gedichte I

Das Buch ist als Book on Demand mit der Digitaltechnologie hergestellt worden und kann über den klassischen Buchhandel und über die Internet-Buchhandlungen bezogen werden.

Bibliografische Information der Deutschen Bibliothek:

Die Deutsche Bibliothek verzeichnet diese Publikation in der Deutschen Nationalbibliografie; detaillierte bibliografische Daten sind im Internet über http://dnb.d-nb.de abrufbar.

Umschlagillustration Martin Müller-Reinhart
© 2009 Hans Mühlethaler
Herstellung und Verlag:
Books on Demand GmbH, Norderstedt
ISBN 978-3-8370-8853-3

Inhaltsverzeichnis

der name der rose

wir sprachen über
verschiedene möglichkeiten von
flugzeugabstürzen
ich meinte was sie meinte
sei schwer zu beweisen
man habe noch zu wenig beachtet
dass das alphabet
nicht alle laute umfasst

einzelheiten sind nicht gefragt
die katastrophen versickern
im strom der leeren blechbüchsen
steinzeitmenschen da und dort
sichtbar am horizont
kleiber werden ab sofort

spechtmeisen genannt
aber die deutsche sprache
bleibt bestehn
als hort für den
namen der rose

zeitgemälde

das fernsehen
versorgt uns täglich
mit bildern von menschen
die ihre zerfetzten kleider retten
aus dem brennenden sodom und gomorrha

die gletscher schmelzen
der eisbär verkommt zum plüschtier
sterbende menschen
werden zu einer
organspende aufgerufen

ich döse vor mich hin
warte auf den countdown
zähle die letzten bäume
im tropischen urwald
schlürfe die weite des meeres
aus einer japanischen
teetasse

freiheit

du bist nicht frei
dich zu entscheiden
ob du den reifen apfel
als süß
den unreifen
als sauer
empfinden willst

aber du bist frei
dich zu entscheiden
ob du in den apfel
beißen willst
um herauszufinden
ob er süß sei
oder sauer

erkenntnistheorie

der geruch und das wort für den geruch
das bild und das wort für das bild
der ton und das wort für den ton
die kleine unebenheit
zwischen dem ereignis
und seiner beschreibung
ein hügelzug
in der ferne entschwindend
ein nebel der
sich im dunkeln auflöst
ein hauch von unwahrheit
auf deiner zunge
und die frage warum
das alles
nicht schon längst
vergessen ist

wortsuche

wir brauchen ein wort
für das was
an sich existiert
obschon wir das
was an sich existiert
nicht erkennen können

der naturliebhaber

flanierend
in den straßen von paris
atme ich die
schönheit knospender
hautsträucher
beobachte die
kleinen füchslein
vor dem bau
und denke beim
anblick des
ausgebrannten mercedes
am trottoirrand

zum glück ist
einer weniger

neugierde

manchmal verspüre ich
morgens den wunsch
zu wissen auf
welcher seite ich
nachts
geschlafen habe

aber jedes mal
wenn ich mich
dieses wunschs erinnere
bin ich schon
eine weile wach gewesen
und habe den
moment meines
erwachens verpasst

ganesch

den rest des tages
wirst du am ufer verbringen
die fische angeln
die noch nicht ins verzeichnis der
ausgestorbenen arten
aufgenommen worden sind

warum hast du keine
ohrringe gekauft
wir suchen in vergilbten fahrplänen
nach einem zug der
nicht mehr abfahren wird

vielleicht ein wort eine
tat eine mücke die
um den kopf schwirrt

oder die angst du könntest die
ankunft des
elefantengottes ganesch
verpassen
wenn du dich nicht
entscheidest

entscheide dich nicht

selbsterkenntnis

ich wollte immer
ein schriftsteller werden
aber in anbetracht
des geringen erfolgs
meiner bücher
muss ich gestehen

ich bin nie
einer geworden

moderne ballade

die kellnerin
lächelte ihn an
als sie ihm
das bier brachte

er dachte
dieses lächeln
möchte er für immer behalten
und heiratete es

da hatte er es
für immer verloren
und auch das bier
ward ihm von nun an
verboten

auf dem jakobsweg

er hatte sich
in sie verliebt
begehrte sie
auf sein zimmer
zu nehmen
aber sie sagte
nein

später
als er sie fragte
ob sie mitkomme
auf den jakobsweg
sagte sie
ja

also hängten sie
die jakobsmuschel
an ihren rucksack
fuhren mit dem zug
nach hendaye
zogen der baskischen
küste entlang
stellten ihr zelt auf
zwischen den dünen

da war ihm der heilige jakob
schon in der ersten nacht
günstig gesinnt

ersatz

das mädchen mietete
ein lokal
an der rue ordener
um marokkanische taschen
kongolesische halsketten
indische gewänder
zu verkaufen
sie verkaufte keine

aber da sie hübsch war
stellte sie wenigstens
sich selber zur schau

die rückkehr der pilger

der letzte schimmer der
abendsonne
berührt die mauer
am gegenüberliegenden haus

noch kreisen die
mauersegler
hoch oben am himmel

du wartest
auf die ankunft der dunkelheit
auf die rückkehr der pilger
in richard wagners tannhäuser
auf die verpuppung der seidenraupen
an den blättern des
maulbeerbaums

du wartest
bis an der mauer
der letzte schimmer
erloschen ist

im konzertsaal

das zweite klavierkonzert
von frédéric chopin
war verklungen
das publikum tobte
der pianist verbeugte sich steif
das mädchen brachte ihm
einen blumenstrauß

er dachte
er hätte lieber das
mädchen gehabt
als die blumen

der alternde poet

da er für seine gedichte
keinen verleger mehr fand
ließ er sie drucken
bei books on demand

seither
ist er persona ingrata
an könig artus
tafelrunde

das gewitter

ein starkes gewitter
entlud sich über
unserem quartier
meine kleider
wurden völlig durchnässt
meine erinnerungen
schwammen wie die felle
davon
der blitz zersplitterte
meine gedanken
er machte meinen körper
zur brennenden fackel
die einen moment lang
aufleuchtete
im dunkel der nacht
und dann für immer
verglomm

verrückte reise

du hast dich bereit gemacht
für die abfahrt
ins riesengebirge

wozu die notrufanlage
in der wüste
wozu die kutsche
mit den brennenden rädern
wozu das seltsame ding
in deinen händen
von deinem körper
losgelöst

auf den zehenspitzen
näherst du dich der
spukgestalt
zwischen den beiden
buchdeckeln

ein gedanke so
süß wie die feigen im
antiken griechenland
und das wasser läuft dir
im munde zusammen

keine entschuldigung

entschuldigen sie bitte
sagte sie höflich zu mir
ich aber sagte
was gibt es da
zu entschuldigen
sie haben meinen stromkreis
unter wasser gesetzt
sie haben mein
eingestrichenes a
im friedhof lachaise
vergraben
sie haben meine füße
ins feuer gesteckt
und darüber eine ballade
geschrieben
die in kein festprogramm
aufgenommen wurde

was gibt es da noch
zu entschuldigen

die lebensweisheit

gestern traf ich die
lebensweisheit
auf der straße
sie ging ganz krumm
an ihrem stock
und schrie um hilfe

ich ging schnell vorüber
mich fragend
warum sie nicht
fähig sei
sich selber
zu helfen

betörende gedanken

am morgen
wenn ich noch
im bett liege
und vor mich hindöse
kommt mir manchmal
die erinnerung
an den duft des
blühenden holunders
vor unserem haus
und an den geruch von
schwitzenden mädchen
in der turnstunde
und an ein erlebnis
das mir den atem verschlägt
und das ich nicht
verraten will

das verkehrshindernis

ein verkehrshindernis
ging über die straße
die autos stoppten
aus beiden richtungen

auf der anderen seite
trat das verkehrshindernis
in seine stammkneipe
setzte sich an seinen stammplatz
zündete eine zigarette an
bestellte ein glas wein

verheißungsvoller tag

alle schleusen geöffnet
niemand will der letzte sein
niemand kann mir sagen
warum die pfirsichbäume
heute zum letzten mal
blühen

vielleicht an diesem
verheißungsvollen tag
könnten wir das verdeck
zurückklappen
damit die tulpen in der vase
das verglimmende licht der
abendsonne
ohne einschränkung
genießen können

beim schreiben eines buches

das werk schreitet fort
der ablauf des tages
bleibt derselbe

so halten sich stillstand
und fortschritt
die waage

glaubensfragen

I

gott gibt es nur
wenn du an ihn glaubst
aber wenn du an ihn glaubst
gibt es ihn

II

die frage
warum der allmächtige gott
als er den alten adam erschuf
ihn nicht so erschaffen hat
dass er nie
von ihm abfallen würde

der neandertaler

vor meiner brasserie
an der rue custine
wankte ein neandertaler
von tisch zu tisch
bettelte eine zigarette
bei einem zeitungsleser
griff dem jungen mädchen
unter den rock
trank mir mein
bier aus
biss in mein schinkenbrot
und erbrach sich
über meine hose
dann lachte er
und verschwand
hinter der nächsten
litfaβsäule

ich dachte
was muss das für ein
fröhliches leben
gewesen sein
damals im
neandertal

der alte freund

als mich letzthin
mein alter freund besuchte
hörte ich durchs offene fenster
wie er allen leuten
auf der straße
erzählte
ich sei blind schwerhörig
und betrunken

zuerst war ich verwirrt
später dachte ich
er werde es
besser wissen als ich
da er doch
mein alter freund sei

meine menagerie

von meinem fenster aus
sehe ich ab und zu
in das kleine stück himmel
über dem hof
betrachte die
wechselnden bilder
der vorüberziehenden wolken

wenn sperlinge und tauben
in der dachrinne
nach futter picken
und die mauersegler
hoch in den lüften
nach mücken jagen
ist meine menagerie
für einen augenblick lang
komplett

die krähe

eine krähe
flog mir auf die schulter
schmiegte ihren kopf
an meinen kopf
wollte mit mir schmusen
ich ließ es geschehen
ihr schnabel zerstach
mir die zunge
als ich mich zu
wehren begann
pickte sie mir
die augen aus

rue ordener

meine straße ist
grün geworden
der bus hat seinen
winterpelz abgestreift
die frösche hüpfen
über den gehsteig
die fische laichen
im rinnstein
ich pflücke die
orangen von den bäumen
betaste die
badenixen
hinter den scheiben
hoffe dass mir mein
platz an der sonne
noch ein paar wochen
vergönnt bleibt

kleine szene im park

eine einbeinige ente
schleppt sich mühsam
über den rasen
rudert mit ihren
verkrüppelten flügeln
über den asphalt
bettelt um mitleid
bei den skulpturen
der barockzeit
quakt laut und streut
auf dem kleinen rondell vor mir
ihre federn aus

der hirsch

als mir heute morgen
ein hirsch
über den weg lief
dachte ich

jetzt wird geschossen

aber der hirsch
sagte zu mir
wenn du deine flinte
ins korn wirfst
gönne ich dir
noch zwei tage
bedenkzeit

zerbrechliche welt

der jäger
hält ausschau
nach dem fuchsbau
im wald
die sittenwidrigkeit
besetzt ihren
standplatz an der
straßenecke
gedanken fallen
wie streunende hunde
über mich her
im haus nebenan
knallt ein schuss
die geranien
hören plötzlich
zu blühen auf
und eine amsel fällt
von der fernsehantenne
herunter

lautes gackern

ein huhn
gackerte laut
als es ein ei
gelegt hatte

worauf alle
eierdiebe wussten
wo es etwas
zu stehlen gab

rue du poteau

hier stand früher
der schandpfahl
vor den toren der stadt

als ich an ihm vorüberging
sah ich
dass sie angebunden war
die betörende hexe
und die leute ihr
ins gesicht spuckten

da hätte ich sie gerne
von ihren stricken befreit
und sie eingeladen
zu einem gläschen sancerre
in meiner kneipe
um die ecke

lücken

I

als ich gott vor jahren
aus meinem wachsfigurenkabinett
verbannte
ließ er eine lücke zurück

seither habe ich mich
des öftern gefragt
mit welcher anderen figur
ich diese lücke
füllen könnte

II

die wissenschaft
kann nicht alles erklären
sagtest du
und tratest in ein
buddhistisches kloster ein
um dir erklären zu lassen
was die wissenschaft
nicht erklären kann

explosion

als ich gestern
den geranien
vor meinem fenster
dünger gab
explodierten sie
vor freude
und sagten zu mir

wir haben heute
sehr intensiv gelebt
wir wollen morgen
nicht mehr leben

der vater

ich kann das bild nicht vergessen
wie sich einmal mein vater
in den finger schnitt
als er mir eine weidenpfeife
schnitzen wollte

das blut tropfte
von seiner hand ins gras
ich stand daneben und dachte

das hätte meinem vater
nicht passieren dürfen

der zahn der zeit

heute mittag
habe ich beim essen
einen zahn ausgebissen

jetzt bleiben nur noch
wenige zähne
zum ausbeiβen
übrig

der kleine unterschied

der alte mann
nach der vorführung eines
pornostreifens
sagte nachdenklich
zu sich selber

ja
so macht man das
so hat man das
gemacht

streik

an einem bein
streikt das knie
am andern
die zehe
wenn sie beide
am gleichen tag streiken
bin ich gezwungen
zu hause zu bleiben

selbstporträt

alter mann
hinkebein
tränende augen
weißer bart
manchmal vergisst er
die jacke auszuziehen
wenn er ins
bett gehen will

bilanz

was vor mir liegt
wird immer kürzer

was hinter mir liegt
wird immer länger

so bleibt die
bilanz meines lebens
von all diesen
unerfreulichen veränderungen
unberührt

meteorologie

das wetter
immer sehr angenehm
die luft
immer verschmutzt
die bronchitis
immer meine treuste
begleiterin

professor alzheimer

ich saß lange zeit
im wartezimmer
von professor alzheimer
und wusste nicht mehr
warum ich eigentlich
gekommen war

da trat er ein
der berühmte mann
in seinem weißen kittel

er schaute mich an
und sagte
dass ich vergessen hätte
die schuhe zu binden

ich bückte mich
band sie schnell und
floh aus seinem zimmer

im pflegeheim

das aufgedunsene gesicht und
die hand die den kaffee
neben die tasse gießt
weit aufgerissen
verfolgen die augen
meine zögernden worte
der schrei eines raben
unterbricht den versuch
einer beschönigung

was wäre wenn wir nicht
schon gestern
den pressluftbohrer
außer betrieb
gesetzt hätten

verdrießliche nacht

preisabschlag auf
allen ersatzteilen
die geräusche im haus
verstummen
ich lege meinen arm
unter den nacken
das ticken meines herzens
verdirbt mir die laune
umsonst die hoffnung
dass auf diese
verdrießliche nacht
ein strahlender morgen
folgt

der rüstige greis

wir schauten ihm
im fernsehen zu
wie er trotz seiner
achtzig jahre
aufs matterhorn stieg
die wüste gobi durchquerte
auf den meeresgrund tauchte
zum wrack der titanic

während wir
nichts anderes taten
als warten

warten auf godot

altersleiden

I

im alter
ist jede krankheit
eine wohltat
denn sie bringt dich näher
an den tod heran

II

nichts tun
im alter
ist eine sinnvolle art
sich auf das ende
vorzubereiten
denn du musst
deinen tod
nicht durch deine
tätigkeit herbeiführen

er kommt von selbst

fehlanzeige

in meinen träumen
erhalte ich öfters
die meldung
dass wieder
irgendein
lieber kamerad
gestorben sei

wenn ich dann
feststelle
dass dies nicht
der fall ist
frage ich mich
ob mit dieser
verschlüsselten botschaft
nicht ich selber
gemeint sei

gesundheit

sie zählte mir
alle krankheiten auf
die sie in ihrem leben
gehabt hatte
das nesselfieber und die malaria
die nierenbeckenentzündung und den
darmverschluss
und einen brustkrebs habe ich
auch einmal gehabt
sagte sie
aber wenn ich gestorben bin
spielt das alles
keine rolle mehr
dann werde ich endlich
gesund sein können

meine geschichte

als ich immer
husten musste
erzählte mir eine freundin
von einem mann
der immer husten musste
nach zwei monaten
war er tot

da fragte ich mich
ob sie mir nicht
meine eigene geschichte
erzählt habe

namen

der tod hat viele namen
bei den einen heißt er krebs
bei den andern angina pectoris
bei den dritten
ende mit schrecken

deshalb überlegst du dir
ob es nicht besser wäre
er würde
ende ohne schrecken heißen

katastrophenmeldung

als ich letzthin am abend
das radio andrehte
um mich zu informieren
über die katastrophen
die tagsüber
auf der welt
passiert waren
hörte ich plötzlich
die meldung
über meinen eigenen tod

ich dachte
auch das noch

begrenzter zeithorizont

denk ich an
mein ende
in der nacht
frage ich mich
wann wird es sein

früher dachte ich
in zehn jahren
heute denke ich
jetzt

und drehe mich
auf die andere seite

das grab meiner eltern

im traum ist mir
heute nacht
der friedhof erschienen
wo meine eltern
begraben liegen

es war ein
weites ödes feld
ab und zu ein paar
zertrümmerte marmorsteine
das grab meiner eltern
fand ich nicht

erwachen

jeden morgen
bist du dankbar
aus der tiefe des schlafs
erwacht zu sein
und überlegst dir
wäre der schlaf
noch tiefer gewesen
wärst du jetzt
nicht mehr erwacht
und könntest auch nicht mehr
dankbar sein

unziemendes lachen

als mein großvater starb
war ich fünf jahre alt
die großmutter führte mich
ins zimmer
wo er aufgebahrt lag
es war die speisekammer
das gesicht war weiß gepudert
die hände auf der hemdbrust gefaltet
ein strauß von lilien
stand auf dem taburett
der bucklige mann
lag so steif und gerade
auf der bahre
wie ich ihn vorher
nie gesehen hatte

da musste ich lachen

die fahrt übers meer

nachdem ich ihn
heute nacht
im traum gesehen habe
weiß ich
wie der tod aussieht

er ist eine frau
im matrosenkleid
er wollte mich
an der hand fassen
er wollte mich mitnehmen
auf die fahrt
übers meer

als ich merkte
was dies bedeutete
erwachte ich

auf dem friedhof

die grabsteine
wurden für die
ewigkeit geschaffen

aber heute gibt es
nichts vergänglicheres
als sie

zögern

du fragtest mich
ob ich bereit wäre
zu sterben
in dieser nacht

ich sagte ja

später sagte ich
gib mir noch
zwei tage zeit
damit ich es mir
besser überlegen kann

lakonische antwort

als er in seinem
siebenundsiebzigsten lebensjahr
krank wurde
fragte ich ihn
warum er nicht
zum arzt gehe

er gab mir zur antwort
dass er auch
ohne arzt
sterben könne

platz für beide

nach der beerdigung
meines freundes
lief ich die straße hinunter
mir sagend
es hätte auch mich
treffen können

im nächsten kleidergeschäft
kaufte ich mir
eine jacke

sie war so groß
dass wir beide darin
platz gefunden hätten

die anderen

für ihn waren
die alten leute
immer die anderen

als seine hand erzitterte
beim schreiben
des eigenen namens
merkte er
dass auch er
zu den anderen gehörte

entgegenkommen

mit dem tod
verhält es sich
wie folgt

gehst du ins spital
gehst du zu ihm hin
bleibst du zu hause
kommt er dir entgegen

ohne mich

auf die frage des reporters
am fernsehen
ob er glaube
dass das leben
nach dem tod weitergehe
sagte der
querschnittgelähmte mann

ja
es geht weiter
aber ohne mich

bericht über den eigenen tod

nachdem ich durch ein
unverzeihliches missverständnis
ums leben gekommen war
blieb ich vorerst eine
halbe stunde lang
ohne luft liegen
dann erhob ich mich mühsam
und ging die steile wiese hinab
von weitem sah ich schon
den petrus winken
am himmelstor

ich fragte mich bange
ob er mich mit meinen
krummen beinen
einlassen würde

kupferstichkabinett

als er gestorben war
schrieb sie ins
tagebuch

endlich

und übergab seine sammlung
von alten kupferstichen
der müllabfuhr

im wartezimmer

wenn der arzt eintritt
greift er willkürlich
einen aus der
menge der wartenden
und führt ihn
in sein kabinett

du hoffst
so lang als möglich
verschont zu bleiben

das nächste mal
wird er auch dich
an der hand nehmen
und sagen

jetzt bist du dran

sternzeichen krebs

der krebs hat mich
mein leben lang
begleitet
erst jetzt
im alter
hat er sich
von mir entfernt
und gesagt

den letzten schritt
kannst du
allein tun

kein vorteil

ein langes leben
hat keinen vorteil
gegenüber einem kurzen
weil ich dann
wenn ich gestorben bin
nicht merken kann
ob mein leben
kurz oder lang
gewesen ist

tautologie

das nachdenken
über die zeit
lässt sich zusammenfassen
in zwei sätzen

wenn du da bist
bist du da
wenn du nicht mehr da bist
bist du nicht mehr da

die antwort

er fragte mich
was möchtest du
heute noch tun
wenn du morgen
sterben musst

ich sagte zu ihm
keinen baum pflanzen

die kunst der fuge

so wie die kunst der fuge
von johann sebastian bach
plötzlich abbricht
wird auch dein leben
plötzlich abbrechen
und dann wird nichts mehr sein

als eine unermessliche stille

das lasse ich zurück

wenn ich gestorben bin
lasse ich zurück
ein häufchen
schmutzige wäsche
ein paar
unveröffentlichte gedichte
die bücher die ich
nicht gelesen habe
die erinnerung an
meinen unvermeidlichen husten
im gedächtnis derer
die darunter
gelitten haben

das problem

merke dir
dass der tod
nicht das problem ist
das es zu lösen gilt
sondern die lösung
aller probleme

nekrolog

du wirst sein
weder jung noch alt
weder arm noch reich
weder klug noch töricht
weder schön noch hässlich

du wirst die fenster
deiner wohnung
für immer
geschlossen haben

du wirst der groβe
abwesende sein
an deiner eigenen
totenfeier

zukunftstraum

ich fragte den alten mann
welches sein
zukunftstraum sei

er sagte
als häufchen asche
den fluss
hinunterschwimmen

vielleicht
wenn ich glück habe
komme ich
bis ans meer

Nachwort

Meine ersten Gedichte erschienen 1967 unter dem Titel „zutreffendes ankreuzen". Als ich sie vor einem Jahr neu herausgab, fiel mir auf, dass sie ganz in der Tradition des Surrealismus geschrieben waren, obschon ich damals diesen Begriff nur von der Malerei, nicht aber von der Literatur her kannte. Unter den Malern war es vor allem Paul Klee, der mich mit seinen Bildern und Tagebüchern beeindruckte. Ich hatte sein Werk entdeckt, lange bevor er in Bern zu einer anerkannten Größe der Kunstwelt aufgerückt war.

Nach etlichen vergeblichen Versuchen, Gedichte zu schreiben, die meinem kritischen Urteil standgehalten hätten, merkte ich: Ich musste meine bisherigen Vorstellungen über Bord werfen und meine Gedichte so schreiben, wie Paul Klee seine Bilder gemalt hatte. Das bedeutete, dass ich keine Absicht auf irgendein Resultat verfolgte, sondern mich ganz dem Diktat des Unbewussten aussetzte, und dass ich mein Interesse nicht auf den Inhalt richtete, sondern auf die Form. Also entledigte ich mich der Zwangsjacke von Reim, Versmaß und Strophenbau und schrieb die Gedichte so, dass sie sich von einem Prosatext nur insofern unterschieden, als ihre graphische Gestalt von mir festgelegt worden war. Auf die Interpunktion verzichtete ich, da ich sie durch den Zeilenumbruch ersetzen konnte. Die Großschreibung lehnte ich ab, weil jedes Wort, egal ob Substantiv oder nicht, denselben Stellenwert besitzen sollte.

Nach der Publikation von „zutreffendes ankreuzen" war die Quelle meiner Inspiration versiegt, der Vorrat an Bildern, den mir das Unbewusste zugespielt hatte, schien aufgebraucht. So entschloss ich mich, das Schreiben von Gedichten aufzugeben, und damit verabschiedete ich mich gleichfalls von meiner surrealistischen Schaffensperiode.

Inzwischen war der Marxismus zur herrschenden Ideologie der literarischen Produktion aufgestiegen. Ich blieb davon nicht ganz unberührt. Im Winter 1967/68 hielt ich mich in Berlin auf und geriet schnell in die Zirkel hinein, die man später als Achtundsechziger-Generation bezeichnet hat. Da war kein surrealistischer Stil mehr gefragt, sondern eine Literatur, die sich am sozialistischen Realismus orientierte und in der das politische Bekenntnis des Autors zum wichtigsten Qualitätsmerkmal aufrückte.

Erst jetzt, nach einer Pause von vierzig Jahren, habe ich meine surrealistischen Wurzeln wiederentdeckt. So sind in meinem 77. Lebensjahr siebenundsiebzig Gedichte entstanden, die sich zwar inhaltlich von der frühen Lyrik unterscheiden, in der Form jedoch an diese anknüpfen. Einige unter ihnen lassen erkennen, dass ich mich seit Jahren intensiv mit dem Thema „Todesangst und Bewusstsein" befasse. Dieser Beschäftigung gilt denn auch mein tägliches Schreibpensum, während die Gedichte mehr oder weniger sporadisch entstehen. Ich betrachte sie als die unbeabsichtigten, aber nicht ganz unwillkommenen Nebenprodukte meiner gedanklichen Arbeit.

Als Titelgedicht habe ich einen Text ausgewählt, der ebenso wie mein Buch über das Bewusstsein das Thema „Todesangst" reflektiert: „Sternzeichen Krebs". Er nimmt Bezug auf zwei Tatsachen: Erstens. dass ich selber im Sternzeichen des Krebs geboren bin, nämlich am 9. Juli 1930, und zweitens, dass mich die Angst vor dem Krebs als einer lebensbedrohenden Krankheit in verschiedenen Phasen meines Lebens beschäftigt hat. Zum Glück sind meine Befürchtungen nie wahr geworden, und jetzt, im Alter, glaube ich diese Angst endgültig überwunden zu haben.

Das Titelgedicht habe ich auch deshalb ausgesucht, weil es den Bogen zu einem meiner frühesten Gedichte spannt: „ich bin geboren im zeichen des krebs". Dort bin ich von der Tatsache ausgegangen, dass sich im Wort „Krebs" auch die Vorstellung eines Tieres verbirgt, das sich rückwärts bewegt und das so den Charakter des Todes als eines Zurückgehens in den Schoß der Natur darstellt. Dieser Gedanke ist für mich auch heute noch gültig, weshalb ich die beiden Texte gerne als Einheit aufgefasst haben möchte.

Die Gedichte, die ich hier veröffentliche, habe ich ein Jahr lang in meinem Computer ruhen lassen. In der Zwischenzeit sind ein paar neue entstanden. Die Quelle meiner Inspiration scheint diesmal etwas ergiebiger zu fließen als früher, weshalb ich den Untertitel „Späte Gedichte" mit der Ziffer I versehen habe. Ich möchte damit die Hoffnung andeuten, dass irgendwann eine Fortsetzung möglich sein werde.

Paris, im Januar 2009

Ebenfalls bei Books on Demand GmbH, Norderstedt, sind erschienen:

Mühlethaler, Hans:
Das Bewusstsein – Ursache und Überwindung der Todesangst, 2006
ISBN 3-8334-4914-4, PB, 188 S., € 13.20
Warum hat der Mensch Angst vor dem Tod? – Weil er ein Bewusstsein seiner Sterblichkeit besitzt. Durch eine Klärung des Begriffs „Bewusstsein" wird das Thema Tod enttabuisiert und ein Weg zur Überwindung der eigenen Todesangst aufgezeigt.

Mühlethaler, Hans:
Der leere Sockel, Roman, 2000
ISBN 3-8311-0398-4, PB, 236 S., € 14.80
Ein Roman, in dem das persönliche Schicksal des Protagonisten mit der Geschichte des Montmartre in Paris verknüpft wird.

Mühlethaler, Hans:
An der Grenze – Ein absurdes Theaterstück
ISBN 978-3-8334-6570-3, PB, 72 S., € 4.70
Die Abenteuer eines jungen Künstlers, der es wagt, über die Grenze zu gehen – und stirbt.

Mühlethaler, Hans:
Frühe Gedichte und Prosatexte, 2008
ISBN 978-3-8334-9165-8
Die 1967 erstmals veröffentlichten frühen Gedichte und ein bisher noch unveröffentlichter Prosatext mit dem Titel „Die Wüstenwanderung".

®

FSC

www.fsc.org

MIX

Papier aus ver-
antwortungsvollen
Quellen
Paper from
responsible sources

FSC® C105338